AF347340

EDICT DV ROY,

PORTANT REGLEMENT

pour le deuoir & droict de Marine,
estably par sadite Majesté
9 Ianuier en Bretagne,

Verifié en Parlement à Rennes, le 30.
Ianuier 1629.

Tres-vtile & necessaire à tous Iuges, Greffiers, Notaires, Marchands & autres personnes de quelque qualité qu'ils soient.

A RENNES,
Par FRANÇOIS HARAN, Imprimeur ordinaire
de sadite Majesté, ruë Sainct Germain.
M. DC. XXIX.

EDICT DV ROY, PORTANT

Reglement pour le deuoir & droict de Marine, establly par sadite Majesté au pays & Duché de Bretagne.

OVIS PAR LA GRACE DE DIEV ROY DE FRANCE ET DE NAVARRE, A tous presens & à venir, Salut. Ayant consideré côbien les difficultez qui se sôt rencôntrées iusques à present dans nostre pays de Bretagne, en l'establissemét des Congez & Passeports de nostre tres-cher & bien amé Cousin le Cardinal de Richelieu, grand Maistre, Chef & Surintendât General de la Nauigation & Commerce de Frâce, & des Commis & Receueurs des droicts appartenans à

A

sa charge, peuuent apporter de prei
dice & alteration au traffic public de
Mer, Nous auons jugé necessaire d
pouruoir, en sorte que les choses r
glées selon nostre intention, toutes l
difficultez cessent pour l'aduenir ; SçA
voir faisons, Que nous ayás veu & fa
voir en nostre Conseil les Arrests don
nez en iceluy les deuxiesme Septembr
& quinziesme Nouembre derniers, pa
lesquels il auroit esté ordonné que no
stre Cour de Parlement enuoyeroit le
motifs de celuy de ladicte Cour du
vingt-troisiesme d'Aoust dernier, & au
tres en consequence touchant les passe
ports & congez de nostredit Cousin,
L'establissement des Commis & Rece
ueurs de ses Droicts, Ordonances, &
Commissions données par luy, en vertu
du pouuoir attribué à ladicte charge,
Nos Lettres Patentes du 8. de May, & 7.
Septébre 1627. Arrest de nostre Conseil
du 28. Iuin, & Declaration du 29. Aoust
dernier, faisant deffences tres-expresses à

routes perfonnes de trafiquer , faire voyage, ny mettre en mer aucun vaif-feau fans nos congez & paffeports ou de noftredit Coufin ; lefdictes Lettres de Declaration, & Arrefts publiez en tous les Ports & Haures de noftredict Pays, Pancarte contenant la taxe des congez & paffeports de noftredit Coufin du vingt-nenfiefme Aouft dernier, Et ouy les remonftrances à nous faites fur ce fubject par les Prefidens & Confeillers Deputez par noftredicte Cour, Avons de l'aduis de noftre Côfeil,& de noftre certaine fcience, plaine puiffance & auctorité Royale, par ceftuy noftre Edict perpetuel & irreuocable, Ordonné & Ordonnons, conformément à noftredict Arreft de ce iourd'huy cy attaché, fous le contrefeel de noftre Chancellerie, qu'aucun vaiffeau, tant de nos Subiects que des Eftrangers, ne pourra fortir des Ports & Haures de noftredict pays de Bretagne , fans le paffeport & congé de noftredict Coufin le Cardinal de Richelieu ; Et qu'apres auoir acquitté les Droicts selon le Reglement & taxe aussi cy attachée soubs nostredict contreseel, fors & excepté les vaisseaux qui sortiront pour aller de port en autre en l'estenduë de ladicte Prouince, dont les Maistre Bourgeois & proprietaires donnerõt tous les ans leurs noms pour estre enregistrez au Greffe, & prédront vn congé par an seulement pour faire leurs voyages de Port en Port en ladicte Prouince, Ordonnons en outre que toutes les causes maritimes seront presentement iugées par les Iuges ordinaire à la maniere accoustumée, à cõdition que dans six mois ils prendront lettres d'attache de nostredict Cousin, & auront dans leurs Greffes des papiers & regiftres separez pour les causes concernans la marine, qu'ils aduertiront nostredict Cousin des affaires principales & plus importantes, qui arriueront tant entre nos Subiects que les Estrangers, au retour des longs voyages & courses

faites en Guerre, dont ils dresseront
leurs procez verbaux, qu'ils deliureront
sans salaires aux Commis & Procureurs
de nostredict Cousin; Faisans commandement à tous nosdicts Iuges d'obeyr
aux Mandemens & Ordonnances qui
leur seront enuoyées par nostredict
Cousin pour le faict de sa charge, Et
tres-expresses inhibitions & deffences
aux Gouuerneurs & nos Lieutenans
Generaux au Gouuernement dudict
Pays, Capitaines & Gouuerneurs des
places & tous autres quelconques, de
prendre aucune cognoissance ny iuris-
diction de la Nauigation, Commerce,
& de toutes autres affaires concernans
la mer, tant pour la guerre que pour le
traffic, circonstances & dependances,
SI DONNONS en mandement à nos
Amez & feaux Conseillers les gens te-
nans nostredicte Cour de Parlement
& Chambre de nos Comptes en Bretagne, Seneschaux dudict pays, ou leurs
Lieutenans & Alloüez, & tous autres

nos Officiers chacun endroit foy, fy
comme il appartiendra, que ces prefen-
tes ils ayent à verifier, & faire regiftrer,
& le contenu en icelles garder & obfer-
uer de poinct en poinct, fans permettre
qu'il y foit contreuenu. C A R tel eft
noftre plaifir. Et afin que ce foit chofe
ferme & ftable à toufiours, nous auons
fait mettre noftre feel à cefdites prefen-
tes, fauf en autres chofes noftre droict,
& l'autruy en toutes. D O N N E à Paris
au mois de Ianuier, l'an de Grace 1629.
Et de noftre regne le 19.

Signé,   L O V I S.

Et fur le reply à cofté eft efcrit,

V I S A.

Et plus bas,   Par le Roy,

B O V T H I L L I E R.

*Et feellé du grand Seau de cire verde à dou-
ble queuë, en lacs de foye rouge & verde.*

 EV PAR LE ROY eſtant én ſon
Conſeil, les Arreſts donnez en ice-
luy les 2. Septembre & 15. Nouembre derniers, Par leſquels il auroit
té ordonné que le Parlement de Rennes
uoyeroit les motifs de l'Arreſt de ladite
our du 23. Aouſt dernier, & autres en con-
quence touchant les Paſſeports & Congez
Sr Cardinal de Richelieu, Grand Maiſtre,
hef & Surintendant General de la Nauiga-
on & Commerce de France, Eſtabliſſemẽt
s Commis & Receueurs de ſes Droicts,
certaines Ordonnances & Commiſſions
nnées par luy, en vertu du pouuoir attri-
ué à ſadite charge, Lettres Patentes du 8. de
ay, & 7. Septembre 1627. Arreſt du Conſeil
u 28 Iuin, Et Declaration du 29. Aouſt der-
ier, Faiſans tres-expreſſes inhibitions &
effences à toutes perſonnes de trafiquer,
ire voyages, ny mettre en mer aucun vaiſ-
au ſans les Congez & Paſſeports de ſa Ma-
ſté, ou dudit Sieur Cardinal, Leſdites Let-
es, Declarations & Arreſts publiez en tous
s Ports & Haures de ladite Prouince de
retagne, Pancarte contenant la taxe des
ongez & Paſſeports dudit Sieur Cardinal
u 29. Aouſt dernier, Remonſtrances faites
ſadite Majeſté par les Sieurs de Brye & de
Dobiais Preſidens, & les Sieurs de la Fo-

reſt, de Lourmé & de Laubrieres Conſeiller
en ladite Cour & Deputez par icelle à ceſt
fin, contenant les raiſons pour leſquelles le
dits Arreſts ſeroient interuenus, Extraiª
des Regiſtres dudit Parlement & autres Iu
riſdictions de ladite Prouince touchant l'e
xercice & fonction dudit Office, Rappor
fait au Roy par les Commiſſaires de ſon Cou
ſeil, deputez pour conferer auec leſdits Pre
ſidens & Conſeillers; Et iceux Deputez oui
en leurs Remonſtrances, & tout conſideré
LE ROY eſtant en ſondit Conſeil, confor
mément auſdits Arreſts & Declarations, ª
ORDONNE, Qu'aucun Vaiſſeau tant de ſe
Subjects que des Eſtrangers ne pourra ſorti
des Ports & Haures de Bretagne ſans le Pa
ſeport & Congé dudit Sieur Cardinal de Ri
chelieu, & l'acquit des droicts ſelon la tax
attachée ſous le contreſeel du preſent Arreſ
fors & excepté les Vaiſſeaux qui ſortiron
pour aller de port en autre en l'eſtenduë d
ladite Prouince, dont les Maiſtres Bourgeoi
& Proprietaires donneront tous les ans leur
noms pour eſtre enregiſtrez au Greffe, & pr͞e
dront vn Congé par an ſeulement pour fair
leurs voyages de port en port en ladite Pro
uince: Ordonne ſadite Majeſté, Que toute
les cauſes maritimes ſeront preſentemen
jugées par les Iuges ordinaires à la manier

accouſtumée,à condition quē dans ſix mois ils prendront lettres d'attache dudit Sieur Cardinal de Richelieu , & auront dans leurs Greffes des Papiers & Regiſtres ſeparez pour les cauſes maritimes, Aduertiront ledit ſieur Cardinal des affaires principales & plus importantes qui arriueront tant entre nos ſubiects que les Eſtrangers au retour des longs voyages & courſes faites en guerre, dont ils dreſſeront leurs procez verbaux, qu'ils deliureront ſans ſalaires aux Commis & Procureurs dudit ſieur Cardinal. Fait inionctions & cōmandement à tous leſdits Iuges d'obeïr aux Mandemens & Ordonnances qui leur ſerōt enuoyées par ledit ſieur Cardinal pour le fait de ſa charge. A fait tres-expreſſes inhibitiōs & deffences à tous Gouuerneurs, Lieutenans Generaux en ladite Prouince , tous Capitaines des Places d'icelle , & tous autres quelconques , de prendre aucune cognoiſſance ny iuriſdiction de la Nauigation & Cōmerce , & de toutes autres affaires quelconques concernans la Mer , tant pour la guerre que pour le trafic , circonſtances & dependances. Ordonne ſadite Maieſté, Que toutes Lettres & Declarations neceſſaires ſeront expediées pour cet effect , & enuoyées pour eſtre enregiſtrées où beſoing ſera. Fait à Paris le 16. iour de Ianuier 1629.

Signé, *BOVTHILLIER.*

REGLEMENT FAIT PAR LE ROY,
Pour la distribution des Passeports & Congez
qui seront enuoyez en Bretagne aux Commis, &
estably par Monsieur le Cardinal de Richelieu,
Grand Maistre , Chef & Surintendant General
de la Nauigation & Commerce de France , pour
estre par eux distribuez aux Marchands & au-
tres subiects de sadite Maiesté, qui en auront be-
soing pour leur trafic & voyages de Mer & pour
la Pesche : Et les taxes de ce qui sera payé par cha-
cun d'iceux Congez, auec deffences ausdits Com-
mis, à peine de punition corporelle, de prendre
dauantage que lesdites taxes.

PREMIEREMENT.

Era payé pour chaque Barque, Pi-
naffe & Batteau du port de dix
tonneaux & au deffous , allant de
lieu à autre en ladite Prouince,
chargez de marchandifes, fera payé pour chacun Congé cinq fols : Et doublant les deux
Raz S. Mahé ou Fonteau, ou fortant de ladite
Prouince, payeront dix fols.

Les Barques, Pinaffes & Batteaux , du port
de trente tonneaux & au deffous iufques à
dix touneaux, auffi allant de lieu à autre char-

gez de marchandiſes, payeront dix ſols : &
doublant leſdits raz , ou ſortant ladite Prouince, payeront quinze ſols.

Pour chaque Nauire, Barque ou Vaiſſeau,
du port de cinquante tonneaux & au deſſous
iuſques à trente , ſortant de ladite Prouince,
pour aller en vne autre dans le Royaume,
chargé auſſi de marchandiſes, ſera payé vingt
ſols.

Pour chaque Nauire ou Vaiſſeau, du port
de cinquante tonneaux & au deſſous, allant
auſſi d'vne prouince en l'autre dãs le Royaume, & chargé comme dit eſt de marchandiſe,
ſera payé trente ſols : & allant de lieu à autre
dans ladite prouince, vingt ſols.

Pour tous Nauires, Barques & Vaiſſeaux,
du port de vingt tonneaux & au deſſous, de
quelque qualité qu'ils ſoient , chargez de
marchandiſes , pour aller en Angleterre, Eſ-
coſſe, Irlande, Flandres, Holande, Zelande,
Dannemarch, Nouergue, pays de Nort, ſera
payé quarante ſols, & au deſſous de vingt
tonneaux vingt ſols.

Pour les Nauires & Vaiſſeaux qui feront
voyagé en Terre-neufue, Canadas, les Eſſo-
res, Maderes, Canaries, Eſpagne, le Deſtroit,
Coſtes de Barbaries , iuſques à la Guynnée
excluſ, ne ſera payé pour chacun congé que
ſept liures dix ſols,

Toute Barque de dix tonneaux & au deffous, qui iront a la pefche du poiffon frais le
long des Coftes, feront obligez de prendre
Congez, & les renouueller de trois en trois
mois, pour chacun defquels ne fera payé, à
fçauoir, pour les pefches qui fe feront durant
les quartiers d'Auril & Octobre, que dix
fols : & pour celle qui fe fera durant celuy de
Ianuier, dans lequel fe fait la pefche pour le
Carefme, en Iuillet, où fe pefche les Sardi-
nes, fera payé vingt fols.

Pour tous les Batteaux de dix tonneaux &
au deffous, qui iront à ladite pefche du poiffon frais, renouuelleront pareillemēt lefdits
Congez de trois en trois mois, & ne payerōt
pour chacun Congé que cinq fols, fors que
pour le quartier de Ianuier & Iuillet, qu'ils ne
payeront le double.

Les Batteaux au deffous de dix tonneaux,
qui portēt ordinairement bois de chauffage,
pierres à maffonner, & fable pour baftir, ou
pour accommoder les terres, prendrōt tous
les trois mois vn Congé, & ne payeront que
cinq fols pour chacun.

Fait au Camp deuant la Rochelle le 29. iour
d'Aouft 1628.

Signé,   LOVIS.

Et plus bas,   *BOVTHILLIER.*

EXTRAICT DES REGISTRES
de Parlement.

Leuës, publiées & regiſtrées du tres-expres commandement du Roy, & ſans tirer a conſequence, ouy, & le conſentant le Procureur General dudit Seigneur, pour ledit Sieur Cardinal de Richelieu jouïr du contenu auſdites Lettres tant qu'il plaira à ſadite Majeſté. Ordonne ladite Cour, que coppies d'icelles Lettres & Arreſt, & Pancarte y attachée, ſeront enuoyez aux Sieges Preſidiaux & Royaux & autres des Ports & Haures de la Prouince, pour y eſtre pareillement leuës & publiées, à la charge qu'il ne ſe fera aucune erection de nouueaux Officiers pour le fait de la marine, ſous quelque cauſe & pretexte que ce ſoit : & que ceux qui ſeront commis à la diſtribution deſdits Congez & Paſſeports, ſeront tenus les deliurer à la premiere ſommation qui leur ſera faite, à peine de tous deſpens, dommages & intereſts des Marchands : & en cas de refus de deliurer leſdits Congez, pourront leſdits Marchands partir apres ladite ſommation bien & deuëment faicte & conſignation dudit deuoir au Greffe des lieux, ce qui vaudra auſdits Marchands, & aura pareil effect que leſdits Paſſeports & Congez, leſquels ſe prendront ſeulement vne fois l'an pour les vaiſſeaux qui ſortiront pour aller de port en autre en l'eſteduë de la Prouince, quoy qu'ils doublent les Raz, ſuiuant leſdites Lettres & Arreſt : & ſans approbation des trois derniers articles de la Pancarte, concernant les peſches qui ſe feront le long de l'eſtenduë de la Prouince : & les batteaux qui portent bois & chauffage, pierre & ſable, & autres choſes pour baſtir & accommoder les terres. Pour toutes leſquelles choſes, ne ſeront pris Congez, ny leuez aucuns nouueaux Deuoirs. Et ſera le preſent Arreſt adiouſté à la Pancarte, qui s'attachera aux Ports & Haures, laquelle n'aura effect qu'aux termes d'iceluy. Fait ladite Cour deffences aux Iuges, Greffiers, Notaires & tous autres, de ſigner leſdites Pancartes, ſans y inſerer au pied le preſent Arreſt, ſur les peines qui y eſcheent. Fait au Parlement à Rennes, le 30. Ianuier 1629.

Signé,   MONNERAYE.